EDITION SCHOTT

T0070669

FIOCCO
Allegro

Bearbeitet von / Arranged by
Arthur Bent und / and Normann O' Neill

VIOLINE UND KLAVIER
VIOLIN AND PIANO

SCHOTT

ED 09717

B

Allegro

Bearbeitet von
Arthur Bent und Norman O' Neill

Joseph Hector Fiocco
1703-1741

© 1910 Schott Music GmbH & Co. KG, Mainz · Printed in Germany
© renewed 1938 Andrey Bent and Adine O' Neill

Das widerrechtliche Kopieren von Noten ist gesetzlich verboten und kann privat- und strafrechtlich verfolgt werden.
Unauthorised copying of music is forbidden by law, and may result in criminal or civil action.

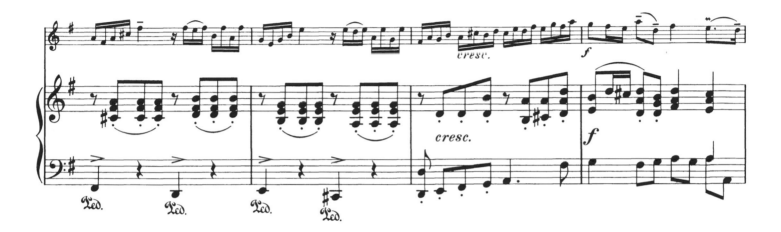

Schott Music, Mainz 09717

Violine

Allegro

Bearbeitet von
Arthur Bent und Norman O'Neill

Joseph Hector Fiocco
1703–1741

© 1910 Schott Music GmbH & Co. KG, Mainz · Printed in Germany
© renewed 1938 Andrey Bent and Adine O' Neill

Das widerrechtliche Kopieren von Noten ist gesetzlich verboten und kann privat- und strafrechtlich verfolgt werden.
Unauthorised copying of music is forbidden by law, and may result in criminal or civil action.

ED 09717

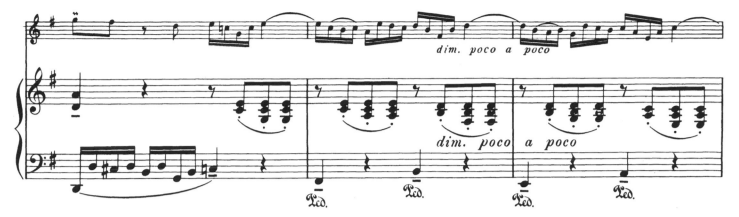

Schott Music, Mainz 09717

Musik für Violine und Klavier
Music for violin and piano
Musique pour violon et piano

Emanuel (Emil) Bach
Frühlings Erwachen
ED 02425

Johann Sebastian Bach
Air aus der Suite Nr. 3 D-Dur
ED 05478

Ludwig van Beethoven
Sonate F-Dur
(Frühlings-Sonate)
ED 02637

Sonate A-Dur
(Kreutzer-Sonate)
ED 02651

Charles-Auguste de Bériot
Air varié d-Moll op. 1
ED 02659

Luigi Boccherini
Berühmtes Menuett A-Dur
ED 02213

Gaetano Braga
La Serenata
„Der Engel Lied"
ED 09670

Johannes Brahms
Walzer A-Dur
ED 07600

Wiegenlied
ED 07638

Ungarischer Tanz No. 5
ED 07595

Ungarischer Tanz No. 6
ED 07596

Arcangelo Corelli
Pastorale aus dem
Weihnachtskonzert
ED 09693

Alphons Czibulka
Stephanie-Gavotte
ED 07327

Léo Delibes
Valse lente aus „Coppélia"
ED 08889

Deutschland-Lied
(Joseph Haydn)
m. 2 V., Va., und Vc. ad lib.
ED 07150

Anton Dvořák
Humoreske
ED 08038

Zdenko Fibich
Poème
ED 04964

Joseph-Hector Fiocco
Allegro
ED 09717

L'Anglaise
ED 09730

Bernhard Flies
Wiegenlied
„Schlafe, mein Prinzchen"
und
**Christoph Willibald
von Gluck**
Reigen seliger Geister
ED 07108

Benjamin Godard
Berceuse de Jocelyn
ED 07416

Charles Gounod
Ave Maria (Meditation)
ED 09674

Georg Friedrich Händel
Berühmtes Largo
ED 05019

Sonate A-Dur, F-Dur, D-Dur
ED 09185/86/87

Joseph Haydn
Serenade a. d. Quartett No. 17
ED 02297

Josef Hellmesberger
Ballszene
ED 09195

Gustav Langer
Großmütterchen
ED 08739

Carl Latann
Frei weg. Marsch
ED 07969

Francesco Manfredini
Largo aus dem
Weihnachtskonzert
ED 09691

Wolfgang Amadeus Mozart
Sonate A-Dur, KV 305
ED 03881

Sonate e-Moll, KV 304
ED 03891

Ave verum
ED 02538

Ethelbert Nevin
Der Rosenkranz
ED 09577

Jaques Offenbach
Barkarole
ED 02594

Nicolò Paganini
Moto perpetuo
ED 09701

Sonate e-Moll No. 12
ED 05366

Joachim Raff
Berühmte Cavatine
ED 06198

Nikolai Rimsky-Korssakow
Hummelflug
ED 09628

Gioacchino Rossini
Ouvertüre aus
„Die diebische Elster"
ED 05593

Anton Rubinstein
Melodie F-Dur
ED 02380

Pablo de Sarasate
Malagueña
ED 09702

Romanza andaluza
ED 09703

Zigeunerweisen
ED 09625

Johann Schrammel
Wien bleibt Wien. Marsch
ED 07312

Franz Schubert
(Dresden)
L'Abeille (Die Biene) op. 13/9
ED 03843

Robert Schumann
Träumerei op. 15/7
und Abendlied op. 85/12
ED 02400

Johann Strauß (Sohn)
Rosen aus dem Süden.
Walzer
ED 07874

Frühlingsstimmen. Walzer
ED 07878

Franz von Suppé
Ouvertüre aus
„Dichter und Bauer"
ED 07454

Ouvertüre aus
„Leichte Kavallerie"
ED 07463

Johan Severin Svendsen
Romanze
ED 09648

István Szelényi
Improvisation
ED 09767

Henri Vieuxtemps
Rêverie
ED 02755

Richard Wagner
Brautlied aus „Lohengrin"
ED 03088

Henri Wieniawski
Légende
ED 05037

Obertass, Mazurka
ED 05040

Kuyawiak
ED 05044

SCHOTT
www.schott-music.com

R 67 · 6-04

ISMN 979-0-001-09226-5   ED 09717

DISTRIBUTED IN NORTH AND SOUTH AMERICA
EXCLUSIVELY BY
HAL LEONARD
49009224

ISBN 978-3-7957-9544-3   ED 09717